Lebensuhr: Jeden Moment für eine bessere Zukunft investieren

Vorwort

Willkommen auf der Reise von "Lebensuhr: Jeden Moment für eine bessere Zukunft investieren". Dieses Buch ist nicht nur ein Leitfaden, sondern eine Einladung, unsere Beziehung zur Zeit neu zu entdecken und zu erfinden, der demokratischsten Währung, die uns zur Verfügung steht.

In den folgenden Seiten werden wir das Konzept der Zeit nicht nur als unaufhaltsame Abfolge von Sekunden, Minuten und Stunden erforschen, sondern als eine außergewöhnliche Ressource, ein Geschenk, das, wenn weise eingesetzt, unser Leben und die Welt um uns herum verwandeln kann. Durch Geschichten, Anekdoten, Reflexionen und praktische Strategien werden wir versuchen, die latente Kraft in jedem Moment unserer Existenz zu enthüllen.

Unser Leben ist ein Mosaik aus unzähligen Augenblicken, und jedes Stück dieses Mosaiks ist eine Gelegenheit, zu schaffen, zu lernen, zu teilen, zu lieben und zu wachsen. In einer Zeit, in der Geschwindigkeit und Effizienz oft mehr geschätzt werden als Absicht und Bedeutung, bietet die "Lebensuhr" eine andere Perspektive und lädt uns ein, jeden Moment nicht als einfaches Ticken der Zeit, sondern als Herzschlag unserer Existenz zu betrachten.

Dieses Buch ist für alle, die das Bedürfnis verspüren, langsamer zu werden, nachzudenken und ihren Tagen einen tieferen Sinn zu geben. Es ist für diejenigen, die versuchen, das hektische Tempo des modernen Lebens mit dem Bedürfnis nach Frieden, Freude und Zufriedenheit in Einklang zu bringen. Es ist ein Leitfaden für diejenigen, die ihre Zeit nicht nur für den persönlichen Erfolg investieren möchten, sondern

auch, um einen positiven Abdruck
in der Welt zu hinterlassen.

Im Laufe dieser Kapitel ermutige
ich Sie, darüber nachzudenken,
wie jede Wahl, jede Handlung,
jede Pause dazu beiträgt, zu
definieren, wer Sie sind und
welches Erbe Sie hinterlassen
möchten. Unsere Hoffnung ist,
dass Sie am Ende dieser Reise
inspiriert sind, die Zeit nicht als
einen Feind zu sehen, den es zu
bekämpfen gilt, sondern als einen
wertvollen Verbündeten im
Aufbau einer bedeutungsvollen
und zufriedenstellenden Zukunft.

Beginnen wir diese Reise
gemeinsam, um zu entdecken,
wie wir jeden Tick der Lebensuhr
wirklich zählen lassen können.

Einführung: Die Zeit als Universelle Währung

Die Zeit: Eine Universelle Währung

In unserer globalisierten Welt können die Währungen von Land zu Land variieren, aber es gibt eine "Währung", die überall konstant bleibt: die Zeit. Diese Einführung erforscht die Idee der Zeit als die einzige wirklich demokratische Währung, die für alle unabhängig von geografischer Lage, sozialem Status oder wirtschaftlichem Hintergrund zugänglich ist. Im Gegensatz zu materiellen Währungen wird die Zeit uns allen gleichmäßig zugeteilt. Jeden Tag haben wir dieselben 24 Stunden zur Verfügung, ein Reichtum, der, wenn klug investiert, langfristig bedeutende Erträge generieren kann.

Vergleiche zwischen Zeit und Traditionellen Währungen

Wie bei traditionellen Währungen kann die Zeit ausgegeben, gespart, investiert oder leider auch verschwendet werden. Im Gegensatz zu Geld ist die Zeit jedoch unwiederbringlich. Einmal verstrichen, kann sie nicht wiedererlangt werden, was sie zur wertvollsten Ressource macht, die uns zur Verfügung steht.

Betrachten wir ein Beispiel: Zwei Personen erhalten denselben Geldbetrag; die eine gibt ihn für vergängliche Konsumgüter aus, während die andere in Aktien oder Bildung investiert. Mit der Zeit wird die zweite Person eine Rendite ihres Investments sehen, während die erste mit nichts dasteht. Ähnlich können zwei Personen ihre Zeit auf unterschiedliche Weise verbringen: Eine könnte sich dem Erlernen neuer Fähigkeiten oder dem Aufbau bedeutungsvoller

Beziehungen widmen, während die andere ihre Zeit in weniger produktiven Aktivitäten verbringt. Im Laufe der Jahre wird derjenige, der seine Zeit weise investiert hat, die Früchte ernten.

Diese Analogie führt uns zu dem Verständnis, dass die Zeit, genau wie Geld, eine sorgfältige und bewusste Verwaltung erfordert. Der grundlegende Unterschied besteht darin, dass Geld angesammelt und vermehrt werden kann, während die Zeit ein ständiger Fluss ist, der weder angehalten noch angesammelt werden kann. Daher liegt die wahre Weisheit darin, die gegenwärtige Zeit zu nutzen, um eine bessere Zukunft zu schaffen, genau wie man es bei einer finanziellen Investition tun würde.

Im weiteren Verlauf dieses Buches werden wir erkunden, wie wir unsere Zeit in Weisen investieren können, die nicht nur unser persönliches Leben bereichern, sondern auch eine Kettenreaktion von langfristigen Vorteilen schaffen, indem wir der Logik des Zinseszinses folgen. Wir werden analysieren, wie die Entscheidungen, die wir heute treffen, nicht nur unser Morgen, sondern auch das Morgen zukünftiger Generationen gestalten können.

Kapitel 1: Den Wert der Zeit verstehen

Die Wahrnehmung der Zeit

Die Zeit ist eine Konstante im Leben aller, aber unsere Wahrnehmung davon kann enorm variieren. Für einige scheint die Zeit schnell zu vergehen, während sie für andere langsam dahinfließt. Diese subjektive Wahrnehmung der Zeit wird von vielen Faktoren beeinflusst, wie dem Alter, dem emotionalen Zustand und den Aktivitäten, die wir ausüben. Ein entscheidender Aspekt des Verständnisses des Wertes der Zeit liegt in der Erkenntnis, dass trotz der verschiedenen Wahrnehmungen jeder Moment einzigartig und unwiederholbar ist.

Der Intrinsische Wert der Zeit

Die Zeit ist mehr als eine einfache Abfolge von Sekunden, Minuten

und Stunden. Sie ist die
Leinwand, auf der wir das Bild
unseres Lebens malen. Ihr
intrinsischer Wert kann nicht in
monetären Begriffen gemessen
werden, sondern vielmehr in der
Qualität der Erfahrungen, die wir
machen, und den Beziehungen,
die wir aufbauen. Jeder
vergangene Moment ist eine
Gelegenheit, zu lernen, zu
wachsen, zu lieben und zur Welt
um uns herum beizutragen.

Geschichten und Anekdoten

Um den Wert der Zeit besser zu
veranschaulichen, betrachten wir
einige Geschichten und
Anekdoten:

- Der Bauer und die
  Jahreszeiten: Ein Bauer
  weiß, dass die Zeit von
  immensem Wert ist. Er
  kann sie weder
  beschleunigen noch
  verlangsamen; er muss in
  Harmonie mit ihr arbeiten.

Er sät im Frühling, pflegt
im Sommer, erntet im
Herbst und bereitet sich im
Winter vor. Sein Leben ist
ein Beispiel dafür, wie die
Zeit, weise im Einklang mit
den natürlichen Rhythmen
genutzt, zu
außergewöhnlichen
Ergebnissen führen kann.

- Der Meister und der
  Schüler: Eines Tages fragte
  ein Schüler seinen Meister,
  warum er so viel Zeit mit
  Meditation und Reflexion
  verbringe. Der Meister
  antwortete: "Ich investiere
  Zeit, um meinen Geist und
  meinen Geist zu verfeinern.
  Das ermöglicht es mir,
  jeden Tag vollständiger zu
  leben, macht mich
  effizienter und bewusster
  in meinen täglichen
  Handlungen."

- Die Geschichte des Pianisten: Ein berühmter Pianist verbrachte Jahre damit, fleißig zu üben. Als man ihn nach dem Geheimnis seines Erfolgs fragte, antwortete er: "Es geht nicht darum, wie viel Zeit man mit dem Klavier verbringt, sondern wie man sie verbringt. Jede Minute des Übens war fokussiert und absichtlich."

Diese Geschichten unterstreichen, wie die Zeit, bewusst und absichtlich genutzt, in etwas Kostbares verwandelt werden kann. Es ist nicht die Menge der Zeit, die wir zur Verfügung haben, die zählt, sondern die Qualität ihrer Nutzung.

In diesem Kapitel haben wir erforscht, wie wir die Zeit wahrnehmen und ihren intrinsischen Wert. Im nächsten Kapitel werden wir uns darauf konzentrieren, wie unsere täglichen Entscheidungen die Nutzung der Zeit beeinflussen und wie wir Entscheidungen treffen können, die ihren Wert maximieren.

Kapitel 2: Die Zeit und Tägliche Entscheidungen

Die Auswirkungen Täglicher Entscheidungen auf die Zeit

Unsere Tage sind gespickt mit Entscheidungen, manche klein, andere bedeutender. Jede Entscheidung, die wir treffen, bewusst oder unbewusst, beeinflusst unsere Zeit. Von der Entscheidung, früh aufzustehen, um Sport zu treiben, bis hin zur Entscheidung, eine Stunde in sozialen Medien zu verbringen, ist jede Handlung eine Investition unserer Zeit. Das Bewusstsein für diese Auswirkungen ermöglicht es uns, die Zeit als wertvolle und begrenzte Ressource zu betrachten, die sorgfältig verwaltet werden muss.

**Analyse der Entscheidungen
und ihrer Auswirkungen**

Um besser zu verstehen, wie
unsere täglichen Entscheidungen
die Nutzung der Zeit beeinflussen,
können wir über einige
Schlüsselfragen nachdenken:

- Welche langfristigen
  Auswirkungen hat diese
  Aktivität?

- Bringt mich diese
  Handlung meinen Zielen
  näher oder entfernt sie
  mich davon?

- Ist dies die beste Nutzung
  meiner Zeit in diesem
  Moment?

- Diese Fragen vor einer
  Handlung zu bedenken,
  kann uns helfen,
  bewusstere
  Entscheidungen zu treffen,
  die unsere Zeit
  wertschätzen.

Strategien zur Wertschätzung der Zeit

Um den Wert unserer Zeit zu maximieren, können wir verschiedene Strategien anwenden:

- Priorisierung: Lerne, zwischen dem zu unterscheiden, was dringend und was wichtig ist. Zeit für Aktivitäten zu widmen, die zu unseren langfristigen Zielen beitragen, kann größere Vorteile bringen als auf sofortige, aber weniger bedeutende Bedürfnisse zu reagieren.

- Planung und Organisation: Werkzeuge wie Kalender und To-do-Listen können helfen, die Zeit besser zu organisieren. Klare Ziele für jeden Tag festzulegen, ermöglicht es, sich auf die

wirklich wichtigen
Aktivitäten zu
konzentrieren.

- Reduzierung von
  Ablenkungen: In einem
  Zeitalter ständiger digitaler
  Verbindung sind
  Ablenkungen
  allgegenwärtig. Zu lernen,
  diese Unterbrechungen zu
  begrenzen, kann wertvolle
  Zeit freisetzen, die für
  bedeutendere Aktivitäten
  genutzt werden kann.

- Tägliche Reflexion: Zeit für
  die Reflexion über das
  tägliche Handeln zu
  nehmen, kann wertvolle
  Einsichten darüber geben,
  wie man die Nutzung der
  Zeit verbessern kann.

- Kontinuierliches Lernen:
  Zeit in das Lernen und die
  persönliche Entwicklung zu
  investieren, kann zu
  signifikanten

Verbesserungen in der
Zeitverwaltung und der
Lebensqualität führen.

- Auf den eigenen Körper
und Geist hören:
Manchmal kann die beste
Nutzung der Zeit darin
bestehen, sich auszuruhen
oder Aktivitäten
nachzugehen, die uns
regenerieren und es uns
ermöglichen, später
produktiver und
fokussierter zu sein.

Im nächsten Kapitel werden wir
vertiefen, wie wir unsere Zeit für
eine bessere Zukunft investieren
können, indem wir den
Zinseszinseffekt der Zeit und
seine Nutzung zur Maximierung
unserer langfristigen Bemühungen
erkunden.

Kapitel 3: Investieren der Zeit für eine bessere Zukunft

Der Zinseszinseffekt der Zeit

Der Zinseszinseffekt, der üblicherweise mit der Finanzwelt in Verbindung gebracht wird, kann auch auf die Zeit angewandt werden. Er bezieht sich auf die Ansammlung von Zinsen auf Zinsen, oder in diesem Fall, auf die wachsenden Vorteile, die sich aus der klugen Investition von Zeit ergeben. Dieses Konzept ist grundlegend, um zu verstehen, wie kleine tägliche Handlungen, die ständig wiederholt werden, langfristig außergewöhnliche Ergebnisse erzielen können.

Wie man den Zinseszinseffekt der Zeit nutzt

- Beständigkeit in Gewohnheiten: Der

Schlüssel zur Nutzung des Zinseszinseffekts ist die Beständigkeit. Ob es darum geht, eine neue Fähigkeit zu entwickeln, eine Beziehung aufzubauen oder an einem Projekt zu arbeiten, es ist die regelmäßige Investition von Zeit, die die größten Vorteile bringt.

- Festlegung von Langzeitzielen: Klare Ziele für die Zukunft zu haben, kann dabei helfen, tägliche Entscheidungen zu lenken und sicherzustellen, dass die Zeit in Aktivitäten investiert wird, die diese Ziele unterstützen.

- Periodische Bewertung und Anpassung: Bewerte regelmäßig deine Fortschritte in Bezug auf deine Ziele und passe deine Handlungen entsprechend an. Dieser

Prozess der Reflexion und Neuausrichtung ist wesentlich, um auf Kurs zu bleiben und den Zinseszinseffekt zu maximieren.

Praktische Beispiele für langfristige Zeitinvestitionen

- Kontinuierliche Bildung: Täglich Zeit für das Lernen zu widmen, erhöht nicht nur das Wissen, sondern öffnet auch neue berufliche und persönliche Möglichkeiten.

- Entwicklung von Beziehungen: Investieren von Zeit in bedeutungsvolle Beziehungen ist entscheidend. Feste Beziehungen erfordern ständige Zeit und Aufmerksamkeit, aber die langfristigen Vorteile sind unschätzbar.

- Gesundheit und Wohlbefinden: Regelmäßig Zeit für körperliche Betätigung und Selbstpflege zu widmen, kann enorme langfristige gesundheitliche Vorteile haben.

- Persönliche und berufliche Projekte: An Projekten zu arbeiten, die uns begeistern, sowohl im persönlichen als auch im beruflichen Bereich, kann nicht nur sofortige Zufriedenheit bringen, sondern auch langfristig bedeutende Ergebnisse.

- Achtsamkeit und Meditation: Zeit für Achtsamkeit und Meditation zu widmen, kann die Lebensqualität erheblich verbessern, Stress reduzieren und

Bewusstsein und Konzentration erhöhen.

Durch diese Beispiele können wir sehen, wie die ständige und absichtliche Investition von Zeit zu einer Ansammlung von Vorteilen führen kann, die kleine Handlungen von heute in große Ergebnisse von morgen verwandeln. Im nächsten Kapitel werden wir uns darauf konzentrieren, wie die Zeit unsere persönliche Produktivität beeinflusst und Strategien, um ihre Nutzung zu optimieren.

Kapitel 4: Die Zeit und die Persönliche Produktivität

Verbesserung der Zeitverwaltung und Produktivität

Produktivität wird nicht nur daran gemessen, wie viel in einem bestimmten Zeitraum produziert oder abgeschlossen wird, sondern auch an der Qualität und Wirksamkeit dessen, was man tut. Die Verbesserung der Zeitverwaltung und der persönlichen Produktivität erfordert einen ganzheitlichen Ansatz, der nicht nur Zeitmanagementtechniken, sondern auch das körperliche und emotionale Wohlbefinden berücksichtigt.

Techniken für eine bessere Zeitverwaltung

- Pomodoro-Technik: Diese Technik beinhaltet, sich 25 Minuten lang zu konzentrieren, gefolgt von einer 5-minütigen Pause. Sie ist effektiv, um die Aufmerksamkeit aufrechtzuerhalten und mentale Ermüdung zu reduzieren.

- 80/20-Regel (Pareto-Prinzip): Diese Regel legt nahe, dass 20% unserer Aktivitäten 80% der Ergebnisse produzieren. Das Identifizieren und Konzentrieren auf diese Aktivitäten kann die Effektivität drastisch steigern.

- Planung und Delegation: Lernen, im Voraus zu planen und unwesentliche Aufgaben zu delegieren.

Dies schafft Zeit, sich auf wichtigere und lohnendere Aufgaben zu konzentrieren.

- Festlegung von SMART-Zielen: Ziele sollten Spezifisch, Messbar, Erreichbar, Relevant und Zeitgebunden sein. Dieser Ansatz hilft, Klarheit und Richtung zu bewahren.

- Minimierung von Ablenkungen: Schaffen einer Arbeitsumgebung, die Ablenkungen reduziert und die Konzentration fördert.

Wie Produktivität die Lebensqualität beeinflusst

Eine effektive Zeitverwaltung und gesteigerte Produktivität können einen signifikanten Einfluss auf die Lebensqualität haben:

- Stressreduktion: Eine gute Zeitverwaltung kann Stresslevel reduzieren, da man weniger in Eile ist und sich mehr Kontrolle über seine Tage fühlt.

- Gleichgewicht zwischen Arbeit und Privatleben: Verbesserte Produktivität kann mehr Zeit für Hobbys, Beziehungen und Entspannungsaktivitäten freisetzen.

- Zufriedenheit und Persönliche Erfüllung: Das Erreichen von Aufgaben und Zielen kann ein Gefühl der Zufriedenheit und Erfüllung bringen.

- Verbesserte Gesundheit: Weniger Stress und mehr Zeit für gesundheitsfördernde Aktivitäten wie Sport und eine ausgewogene Ernährung können die allgemeine Gesundheit verbessern.

In diesem Kapitel haben wir untersucht, wie eine bessere Zeitverwaltung und eine Steigerung der Produktivität nicht nur unsere Tage effizienter machen können, sondern auch die Qualität unseres Lebens erheblich verbessern. Im nächsten Kapitel konzentrieren wir uns auf die Bedeutung des Gleichgewichts zwischen Freizeit und Engagement und darauf, wie man in dieser Dynamik ein gesundes Gleichgewicht findet.

Kapitel 5: Gleichgewicht zwischen Freizeit und Engagement

Die Bedeutung von Freizeit und Erholung

Freizeit und Erholung sind grundlegende Bestandteile eines ausgewogenen und erfüllten Lebens. Trotz der modernen Kultur, die unaufhörliche Aktivität und Produktivität oft hoch bewertet, ist es wesentlich, den Wert von Ruhe und Entspannung zu erkennen. Freizeit ist keine verschwendete Zeit; sie ist eine Investition in unsere geistige und körperliche Gesundheit, Kreativität und emotionales Wohlbefinden.

Vorteile der Freizeit

- Geistige und Körperliche Erholung: Ruhe und

Freizeit ermöglichen es
dem Körper und Geist,
sich zu regenerieren, was
die Konzentration und
Effizienz bei der Rückkehr
zur Arbeit verbessert.

- Steigerung der Kreativität:
Oft entstehen die besten
Ideen in Momenten der
Entspannung, wenn der
Geist frei ist, zu erforschen
und zu träumen, ohne
Einschränkungen.

- Verbesserung der
Beziehungen: Zeit für
Familie und Freunde zu
widmen, stärkt emotionale
Bindungen und verbessert
die Qualität
zwischenmenschlicher
Beziehungen.

- Verbesserte Gesundheit:
Freizeit, die für Aktivitäten
wie Sport, Kunst oder die
Natur aufgewendet wird,
kann positive

Auswirkungen auf die körperliche und geistige Gesundheit haben.

Tipps für ein Gesundes Gleichgewicht

- Planung der Freizeit: Genau wie man die Arbeit plant, ist es wichtig, die Freizeit zu planen. Dies stellt sicher, dass diesem wichtigen Bereich des Lebens Raum gewidmet wird.

- Grenzen Setzen: Klare Grenzen zwischen Arbeit und Freizeit festlegen. Zum Beispiel, Arbeitsemails am Wochenende oder abends nicht zu überprüfen.

- Abwechslung der Aktivitäten: Verschiedene Arten von Freizeitaktivitäten abwechseln, von körperlichen bis zu reflektierenden oder kreativen, für ein ganzheitliches Wohlbefinden.

- Auf den Eigenen Körper und Geist Hören: Bewusst sein, wann man eine Pause braucht und Stress- oder Müdigkeitssignale nicht ignorieren.

- Wertschätzung der Freizeit: Erkennen, dass Freizeit genauso wichtig ist wie die Zeit, die für Arbeit oder andere Verpflichtungen aufgewendet wird.

- Den Eigenen Rhythmus Erkennen: Jeder hat seinen eigenen Rhythmus; manche benötigen vielleicht mehr Freizeit als andere. Es ist wichtig, auf den eigenen inneren Rhythmus zu hören und diesen zu respektieren.

Durch das Gleichgewicht zwischen Freizeit und Engagement können wir nicht nur unsere Produktivität, sondern auch unsere Lebensqualität insgesamt verbessern. Im nächsten Kapitel werden wir erforschen, wie die verantwortungsbewusste Nutzung von Zeit zu einer nachhaltigeren Zukunft beitragen kann und wie wir unsere Zeit nutzen können, um eine bessere Zukunft aufzubauen.

Kapitel 6: Aufbau einer Nachhaltigen Zukunft mit der Zeit

Die Zeit als Werkzeug für Nachhaltigkeit

In einer Ära, in der Nachhaltigkeit grundlegend für das Wohlergehen unseres Planeten und zukünftiger Generationen geworden ist, kann die Art und Weise, wie wir unsere Zeit verbringen, eine bedeutende Auswirkung haben. Dieses Kapitel erforscht, wie unsere täglichen Handlungen, geleitet von einer verantwortungsvollen Zeitverwaltung, zu einer nachhaltigeren Zukunft beitragen können.

Die Nutzung der Zeit für Nachhaltige Aktionen

- Bildung und Bewusstsein: Zeit für Bildung und das Erlernen von Umwelt- und

Sozialthemen zu widmen,
ist der erste Schritt, um
verantwortungsbewusste
Weltbürger zu werden.

- Freiwilligenarbeit und
Gemeinschaftliches
Engagement: Zeit in
Freiwilligeninitiativen und
Gemeinschaftsprojekte zu
investieren, kann direkte
Auswirkungen auf das
Wohlergehen der
Gemeinschaft und der
Umwelt haben.

- Bewusster Konsum: Die
Nutzung der Zeit, um
nachhaltige Produkte und
Dienstleistungen zu
recherchieren und
auszuwählen, reduziert die
Umweltbelastung.

- Nachhaltigkeit im Alltag:
Integration nachhaltiger
Praktiken in das tägliche
Leben, wie die
Reduzierung von Abfall,

Recycling und die Nutzung
umweltfreundlicher
Verkehrsmittel.

**Langfristige Investitionen für
das Kollektive Wohlergehen**

- Entwicklung von
Fähigkeiten und Wissen:
Zeit in das Erlernen und
Entwickeln von Fähigkeiten
zu investieren, die zu
nachhaltigen Lösungen
beitragen können, wie
nachhaltige
Landwirtschaft,
erneuerbare Energien oder
Innovationen im Recycling.

- Aufbau von Netzwerken
und Zusammenarbeit: Zeit
verwenden, um Netzwerke
und Kooperationen mit
Personen und
Organisationen
aufzubauen, die sich für
nachhaltige Ziele
einsetzen.

- Advocacy und Aktivismus: Zeit für Aktivismus aufwenden, um nachhaltige Politiken und Praktiken zu fördern.

Dieser Ansatz zur Zeit trägt nicht nur zu einer nachhaltigeren Zukunft bei, sondern bereichert auch unser Leben mit einem Sinn für Zweck und Verbindung mit der größeren Welt. Im nächsten Kapitel werden wir Erfolgsgeschichten von Menschen erkunden, die die Zeit als Verbündeten genutzt haben, um reiche und bedeutungsvolle Leben aufzubauen, und Inspiration sowie Ideen bieten, wie wir dasselbe tun können.

Kapitel 7:
Erfolgsgeschichten:
Die Zeit als
Verbündeter

Inspirierende Geschichten über den Effektiven Einsatz von Zeit

Dieses Kapitel widmet sich dem Erzählen von Geschichten über Menschen, die ihre Zeit in eine mächtige Ressource für Erfolg und persönliche Erfüllung verwandelt haben. Diese Erzählungen zeigen, wie die Zeit, wenn sie strategisch und mit Absicht genutzt wird, zu außergewöhnlichen Ergebnissen führen kann.

Erfolgsgeschichten

- Der Innovative Unternehmer: Eine Geschichte eines Unternehmers, der Jahre damit verbracht hat, eine

revolutionäre Technologie
zu entwickeln. Seine
Ausdauer und der
strategische Einsatz von
Zeit führten zur Gründung
eines führenden
Unternehmens in seiner
Branche.

- Der Philanthrop: Die
  Erzählung einer Person,
  die einen Teil ihrer Zeit
  humanitären Ursachen
  gewidmet hat, das Leben
  vieler Menschen
  beeinflusst und
  tiefgreifende persönliche
  Erfüllung gefunden hat.

- Der Künstler: Ein Künstler,
  der seine Zeit nutzte, um
  seine Kunst zu
  perfektionieren und im
  Prozess weltweite
  Anerkennung erlangte, was
  zeigt, wie Hingabe und
  Geduld zu
  außergewöhnlichen

Ergebnissen führen
können.

- Der Wissenschaftler: Die Geschichte eines Wissenschaftlers, der durch jahrelange engagierte Forschung wesentlich zu seinem Fachgebiet beigetragen und das Verständnis eines wichtigen natürlichen Phänomens verändert hat.

- Der Athlet: Ein Athlet, der seine Trainingszeit in eine Reihe olympischer Siege umgewandelt und sich als Modell für Entschlossenheit und Disziplin etabliert hat.

Lernen aus Erfolgsgeschichten

Diese Geschichten inspirieren nicht nur, sondern bieten auch wertvolle Lektionen:

- Ausdauer und Langfristige Vision: Beharrlichkeit und eine klare Sicht auf langfristige Ziele sind gemeinsame Elemente in diesen Geschichten.

- Opfer und Hingabe: Erfolg erfordert oft Opfer und konstante Hingabe, was zeigt, dass gut investierte Zeit zu beachtlichen Ergebnissen führen kann.

- Anpassungsfähigkeit und Kontinuierliches Lernen: Diese Personen haben die Fähigkeit gezeigt, sich anzupassen und kontinuierlich zu lernen, indem sie ihre Zeit nutzen, um zu wachsen und sich zu entwickeln.

- Ausgewogenheit zwischen Beruf und Privatleben: Viele dieser Geschichten betonen auch die Bedeutung eines

gesunden Gleichgewichts
zwischen beruflichem
Engagement und
Privatleben.

Die Geschichten in diesem Kapitel
demonstrieren, wie der bewusste
und zielgerichtete Einsatz von Zeit
ein mächtiger Verbündeter auf
dem Weg zu Erfolg und
persönlicher Erfüllung sein kann.
Im abschließenden Kapitel
werden wir über die Bedeutung
des Hinterlassens eines zeitlichen
Erbes nachdenken und betonen,
wie jeder von uns seine Zeit
nutzen kann, um eine positive und
dauerhafte Wirkung zu erzielen.

Schlussfolgerung: Ein Zeitliches Erbe Hinterlassen

Auf dieser Reise durch die Seiten des Buches haben wir die Zeit nicht nur als Ressource, sondern als die grundlegendste Währung, die uns zur Verfügung steht, erkundet. Nun, im Abschluss, reflektieren wir über die letzte und vielleicht bedeutendste Lektion: ein zeitliches Erbe zu hinterlassen.

Die Zeit: Ein Erbe, das Bestand hat

Das Erbe der Zeit wird nicht in Stunden, Tagen oder Jahren gemessen, sondern an der Wirkung und den Spuren, die wir in der Welt hinterlassen. Jeder Moment, den wir leben, und jede Handlung, die wir ausführen, ist wie ein gesäter Samen, der weit über unsere physische Existenz hinaus wachsen und blühen kann.

Diese Perspektive lädt uns ein,
tief darüber nachzudenken, wie
wir unsere Zeit verbringen.

**Der Einfluss der Zeit im Leben
Anderer**

- Einfluss und Inspiration:
  Betrachten wir, wie unsere
  Handlungen, Worte und
  Entscheidungen andere
  beeinflussen und
  inspirieren können. Eine
  Geste der Freundlichkeit,
  ein innovatives Projekt
  oder eine einfache
  Unterstützungshandlung
  können lang anhaltende
  Auswirkungen haben.

- Beitrag zur Gemeinschaft
  und zur Welt: Die Zeit, die
  für die Verbesserung
  unserer Gemeinschaft oder
  für globale Themen
  aufgewendet wird, ist eine
  Investition in die kollektive
  Zukunft. Dieser Beitrag
  kann viele Formen

annehmen, von
ehrenamtlicher Arbeit über
Führung bis hin zu
Innovation und Bildung.

- Vermittlung von Wissen
  und Werten: Das Wissen
  und die Werte, die an
  zukünftige Generationen
  weitergegeben werden,
  stellen vielleicht das
  dauerhafteste Erbe dar.
  Unsere Zeit in Lehre und
  Erfahrungsaustausch zu
  investieren, ist ein
  mächtiger Weg, die
  Zukunft zu beeinflussen.

Aufruf zum Handeln

- Bewertung der eigenen
  Zeitnutzung: Wir laden die
  Leser ein, darüber
  nachzudenken, wie sie
  derzeit ihre Zeit nutzen.
  Gibt es ein Gleichgewicht
  zwischen Arbeit, Ruhe,
  Lernen und Beitrag zur
  Gesellschaft?

- Bewusste Zielsetzung: Wir ermutigen dazu, Ziele zu setzen, die nicht nur zur persönlichen Erfüllung führen, sondern auch eine positive Wirkung auf die umgebende Welt haben.

- Leben mit Absicht: Jeder Tag, jede Stunde, jeder Moment ist eine Gelegenheit, etwas Bedeutungsvolles zu schaffen. Mit Absicht zu leben bedeutet, Entscheidungen zu treffen, die unsere tiefsten Werte und Bestrebungen widerspiegeln.

Abschließend können die Art und Weise, wie wir unsere Zeit verbringen, zu unserem dauerhaftesten Erbe werden. Dieses Buch ist eine Einladung, jeden Tag nicht nur als eine weitere Seite des Kalenders zu sehen, sondern als eine

Gelegenheit, ein Gewebe aus Momenten, Handlungen und Entscheidungen zu weben, die zusammen ein großartiges Tapestry von Einfluss und Bedeutung bilden. Die Zeit ist die Leinwand, und wir sind die Künstler; wir malen mit Weisheit, Leidenschaft und Absicht, um ein Werk zu hinterlassen, das durch Generationen hindurch widerhallt.